AF268261

L'ARMEMENT DES COURS D'EAU,

DU RÔLE QU'AURAIT PU JOUER

UNE FLOTTILLE CUIRASSÉE

Pendant les derniers mois de l'année 1870

PAR

Le Marquis L. DE FOLIN

Capitaine de port à Bayonne, Membre étranger de l'Académie royale des Sciences de Lisbonne, Membre correspondant de la Société d'études diverses du Havre, des Sociétés linnéennes de Bordeaux et d'Angers, de la Société Eduenne, de la Société d'histoire naturelle de Colmar, etc., etc.

BAYONNE

IMPRIMERIE DE VEUVE LAMAIGNÈRE, RUE CHEGARAY, 39.

1871

L'ARMEMENT DES COURS D'EAU,

DU RÔLE QU'AURAIT PU JOUER

UNE FLOTTILLE CUIRASSÉE

PENDANT LES DERNIERS MOIS DE L'ANNÉE 1870

Si je me décide à révéler au public les efforts infructueux que j'ai faits pour procurer à mon pays un moyen de défense dont l'emploi pouvait avoir des conséquences immenses, ce n'est pas dans un but de récrimination, mais avec la pensée de fournir un enseignement utile. Peut-être comprendra-t-on qu'avec un peu plus de hardiesse, on pouvait obtenir des résultats heureux et qu'il vaut mieux, en définitive, à l'exemple des Américains du Nord, échouer dans une tentative malheureuse que de ne rien entreprendre par la crainte d'un mauvais succès.

Lorsque la capitulation de Sédan eut ouvert la France désarmée à l'invasion de nos ennemis, la première préoccupation fut de chercher les moyens d'organiser promptement une défense nationale, et tous les cœurs vraiment patriotiques furent remplis d'une pensée unique, celle de sauver le pays. N'ayant plus d'armée pour arrêter la marche des Prussiens sur Paris, on put craindre dès lors l'investissement de la capitale et son isolement absolu. Je conseillai immédiatement de relier Paris à Rouen par le moyen d'un câble immergé dans la Seine et, pour assurer l'ef-

ficacité de cette mesure, de couvrir les eaux du fleuve d'une flottille armée qui les défendrait et nous en conserverait la posses-
sion.

Il est vrai que le temps manquait et que l'on n'avait pas les
bâtiments nécessaires ; l'investissement d'ailleurs devint bientôt
complet ; mais cette difficulté ne me paraissait pas insurmon-
table, et je demeurai convaincu, comme je le suis encore, qu'il
était possible d'en triompher par l'introduction dans la guerre
d'un élément nouveau qui n'avait été qu'entrevu jusqu'ici, et
qui me paraissait éminemment propre à renverser les plans et
à déjouer les combinaisons de l'ennemi.

Cet élément, auquel les Prussiens ne pouvaient rien opposer de
sérieux, c'était l'*armement des cours d'eau*. Il consistait à lancer
sur les fleuves, les rivières, les canaux, partout enfin où l'on
pourrait trouver un mètre d'eau, une flottille de canonnières re-
couvertes d'un blindage suffisant pour présenter à l'ennemi une
cuirasse ou mieux une carapace inexpugnable, et, en même temps,
suffisamment armées pour balayer les rives à distance. Ce système, comme on le verra plus loin, n'avait rien de commun avec
l'essai qui fut tenté infructueusement à Strasbourg, et avec bien
peu de succès à Paris. Il s'agissait d'opérer, à l'aide de forteresses mobiles, imprenables, et j'ajoute presque indestructibles, en
les opposant sous toutes leurs faces à l'ennemi, c'est-à-dire dans
des conditions où la lutte nous eût toujours été favorable. On a
voulu conclure de la faiblesse et de la vulnérabilité des canonnières qui existaient alors qu'il n'y avait rien à faire de ce côté ;
le Ministre de la marine, pressé par mes instances, me déclara
lui-même que, dans son opinion, on n'obtiendrait rien de sérieux,
que l'armement de l'ennemi était trop formidable pour qu'on pût
lui opposer quelque engin efficace. Ce scepticisme était découra-
geant, car le danger croissait de jour et jour, et il était urgent de
tenter quelque chose. Fort de ma conviction, je persévérai dans
mes démarches, insistant pour qu'on mît le système à l'épreuve.
Un esprit non prévenu aurait reconnu facilement tout le parti

que l'on pouvait tirer d'une embarcation puissante à la fois par
sa cuirasse, son artillerie et sa vitesse : nulle charge, nul assaut
ne sauraient aboutir contre un corps flottant, isolé par les eaux et
abritant ses défenseurs et ses canons contre les projectiles de
l'ennemi ; par ses mouvements rapides en avant ou en arrière, il
coulerait ou écraserait tout canot ou chaland qui essaierait de
l'aborder ; un engin de même nature serait seul apte à le combattre avec des chances égales.

J'avais donc étudié quelques types propres à être employés sur
la Seine ainsi que sur les rivières et canaux des pays envahis,
pensant d'abord à secourir Strasbourg au moyen du canal de
jonction du Rhin au Rhône, et à pénétrer au milieu des lignes
ennemies par ce fleuve et par les deux canaux qui l'unissent au
Rhône et à la Marne. Les conséquences d'une semblable agres-
sion, sur le Rhin, pouvaient être considérables. Sans doute, il
était nécessaire d'opérer à l'aide d'une flottille extrêmement nom-
breuse ; mais rien n'était plus facile que de construire avec rapi-
dité ces petits bâtiments sur tous les points du territoire où l'on
aurait trouvé le moindre port. Les rives de la Seine, jusqu'à
Rouen, celles de la Loire, de la Gironde, du Rhône, de la
Saône pouvaient offrir plus de 500 chantiers de construction d'où
seraient sorties des carcasses simples, mais solides, exécutées
par les charpentiers du pays. Pour le blindage, on aurait em-
ployé des rails de chemins de fer et des tôles ordinaires qui auraient fourni, par une disposition particulière, des épaisseurs
qu'on aurait pu porter jusqu'à 25 centimètres Comme moteur,
j'adoptais la locomotive de chemin de fer, s'appliquant sur deux
hélices et donnant une vitesse moyenne de neuf nœuds aux plus
forts bateaux de la flottille que je nommais chalands-canonnières (1).

Tel était l'ensemble du projet ; mais il comprenait une partie
traitée d'une manière toute spéciale sur laquelle j'appelais plus.

---

(1) Ces bateaux pouvaient être armés de pièces de marine du plus
fort calibre.

particulièrement l'attention : c'était l'armement de la Seine. Là était, en effet, la question vitale du moment. Je suis encore aujourd'hui convaincu, comme je l'ai déjà dit, qu'il n'était pas impossible de rompre la ligne d'investissement qui isolait Paris, en opérant sur le bassin de la Seine, avec le Hâvre pour base d'opération. Le Hâvre, par sa position sur la Manche, était un centre de ravitaillement inépuisable qui pouvait approvisionner la capitale en vivres, armes et munitions, au moyen de convois protégés par une flottille de guerre inexpugnable.

Mais, dira-t-on, l'ennemi aurait accumulé les obstacles. Assurément, il n'en faut pas douter. Je ne m'arrêterai guère à ceux qui consistent en barrages, déblais, obstructions de toute sorte, car on sait avec quelle facilité un simple baril de poudre disperse sous les eaux tout écueil, tout navire coulé, en un mot tout corps opposant quelque résistance. — Mais les points encombrés eussent été défendus par l'ennemi. C'est ici que les chalands-canonnières, construits pour le combat, auraient rempli leur rôle en foudroyant les batteries allemandes ; et il est permis de croire qu'ils l'auraient fait avec succès, grâce à la mobilité de ces forteresses flottantes, toujours maîtresses de prendre la position la plus favorable à la lutte ; leurs feux, balayant au loin le terrain sur la rive du fleuve, privaient de ses défenseurs l'artillerie de l'ennemi ; et si l'armée d'opération eût été à distance, rien n'aurait empêché de tourner cette artillerie et de la faire enlever par quelques compagnies de débarquement protégées par les mitrailleuses qui contribuaient à l'armement de la flottille.

J'entre dans quelques développements.

Les obstacles que la flottille aurait eu à surmonter, pour arriver à Paris, pouvaient consister en barrages, débris de ponts obstruant le chenal et torpilles ; en outre, ces obstacles pouvaient être défendus par des batteries ; voyons comment on en aurait triomphé.

Mais d'abord, pour entreprendre cette campagne, il fallait, avant tout, être muni d'un nombre considérable de chalands-

canonnières, cinquante, par exemple, pour la première flottille ;
on les eût construits rapidement à Cherbourg, Caen, Honfleur, le
Hâvre, Quillebœuf, Caudebec, La Meilleraye, La Bouille et Rouen.
Les premiers obstacles, au début, ne se seraient présentés que
bien au delà de cette dernière ville ; une division de dix bateaux,
au moins, précédée de canots à vapeur sondant et draguant le
chenal (travail facile en raison du peu de profondeur), se serait
avancée jusqu'au point où les premiers coups de l'ennemi auraient
inquiété ses mouvements ; elle prenait alors position pour le
déloger par ses feux d'artillerie et par ses mitrailleuses ; au besoin
la flottille aurait été soutenue par des troupes marchant de front
avec elle, sur les deux rives du fleuve, et appuyées sur leurs
derrières par d'autres corps se succédant sans cesse, à mesure
que l'on se serait éloigné de la base (Rouen par exemple), et
par d'autres divisions de canonnières observant le même ordre.
Dans ces conditions, la position eût été rapidement emportée et
les obstacles non moins rapidement franchis, une fois leurs
défenseurs dispersés ou anéantis. Mais la marche en avant ne
devait être poursuivie qu'en laissant en arrière une force suffisante pour empêcher l'ennemi de reprendre position sur les rives.

Admettons, cependant, que l'on n'ait pu disposer de troupes
en nombre suffisant pour garder les bords du fleuve ; on serait
toujours resté maître des eaux en établissant de distance en distance des stations de chalands-canonnières, et en plaçant dans
l'intervalle toute espèce d'embarcations telles que canots à
vapeur, chaloupes d'anciens vaisseaux ou frégates, bateaux à
vapeur de rivière, etc., que l'on aurait armés en guerre : ces
flottilles, sans cesse en mouvement, d'une station à l'autre,
renforcées d'ailleurs par les chalands-canonnières qui se fussent
portés rapidement sur les points menacés, auraient empêché
l'ennemi d'approcher de la rive.

Je reviens, en peu de mots, sur le rôle important de ces
bateaux de fortune ou mieux encore de circonstance qui, dans
mon opinion, auraient triomphé de tout obstacle. Aucun ouvrage

défensif n'aurait tenu longtemps contre ces forteresses mouvantes, armées de nos pièces de marine, multipliant leurs points d'attaque et canonnant sous vapeur à l'occasion. La mobilité, le choix du point d'attaque, la supériorité du calibre, l'adjonction de mitrailleuses qui, par des tirs d'écharpe ou d'échappées, auraient foudroyé les batteries ennemies ainsi que leurs abords ; enfin le débarquement des compagnies du bord, lancées au moment opportun, tout concourait à assurer le succès, c'est-à-dire à rompre la ligne d'investissement en repoussant ou anéantissant ses défenseurs sur les deux rives.

Ainsi, comme premier résultat, rupture du blocus et dégagement de la Seine par la première flottille qui, bientôt suivie d'une seconde, aurait maintenu la liberté des communications ; cette seconde flottille, tirée des ports de la Bretagne, de la Normandie, ainsi que des chantiers de la Garonne et de la Gironde, pouvait être prête quelques jours après le départ de la première.

Ce n'est pas seulement en aval de Paris que le blocus pouvait être rompu en employant la même stratégie ; des chalands-canonnières, d'un type approprié aux canaux, traversant la capitale, se répandant dans la haute Seine et dans la Marne ; d'autres pénétrant dans l'Oise et dans l'Eure ; l'ennemi était ainsi coupé dans toutes les directions, et nos troupes, au moyen de cette diversion puissante, défendaient victorieusement les pays qui ont été successivement envahis. Que l'on se représente la Normandie et la Picardie comme une vaste place d'armes défendue par les flottilles des cours d'eau et ravitaillée par le Hâvre et Cherbourg : l'approvisionnement de Paris est assuré, l'armée gagne du temps pour s'organiser et les combinaisons de l'ennemi sont déjouées. Le salut du pays était là.

Nos agresseurs l'avaient si bien senti qu'ils s'étaient appliqués à créer des obstacles dans le lit de la Seine, au moyen de torpilles, de filets de fer et d'autres barrages qui eussent été bien impuissants si l'on avait voulu. Nous voyons même M. de Bismark y attacher une si grande importance, qu'il n'hésita pas, au mépris du droit des neutres, sans s'inquiéter des conséquences, à couler des bâtiments anglais dans la passe de Duclair ; et lorsqu'il s'excuse auprès du gouvernement britannique de cette énormité, c'est en déclarant qu'il fallait en venir là pour prévenir un danger aussi sérieux qu'imminent ; préoccupation, hélas, bien superflue, car le danger n'existait pas ; il était décidé qu'on n'emploierait pas la marine, pas même à la défense de Rouen, quoiqu'il y eût, au Hâvre, des batteries flottantes très-propres à cet usage. L'action de M. de Bismark n'en a pas moins sa signification ; là où étaient ses craintes devaient être nos espérances ; toute autre voie que celle de la Seine pour atteindre Paris était plus qu'incertaiue, et l'événement ne l'a que trop prouvé.

Aussitôt que l'on pût prévoir que Paris serait menacé et peut-être même investi, j'émis l'avis de mouiller un câble télégraphique dans la Seine, sous la protection d'une flottille assez forte pour en défendre les eaux. Je comparais la France, dans la note où j'exposais mes vues, à un navire en péril, et je rappelais que, dans ce cas extrême, on met en jeu, pour sauver l'équipag., toutes les ressources, sans perdre un seul instant. En même temps je me mis à l'étude et j'arrêtai le plan d'un bateau convenable qui pût être construit rapidement : faible tirant d'eau, solidité, blindage suffisant qu'on avait sous la main, enfin moteurs tout prêts, grâce aux centaines de locomotives qui avaient été retirées des territoires envahis. Je communiquai mes idées, ainsi que mes calculs et mes croquis, à un ingénieur des constructions navales qui était mon ami, et qui s'était élevé par son mérite à la haute position de directeur des chantiers de l'Océan. Personne ne pouvait juger la question avec plus d'autorité que cet homme éminent qui, pendant huit années, avait fait partie de la commission instituée à Lorient pour l'étude des navires cuirassés et des projectiles de guerre. Aussitôt qu'il eût pris connaissance de mon projet, il m'écrivit que l'idée était excellente et qu'il fallait la suivre. Nous étions alors au début de l'investissement et mes premières démarches étaient demeurées sans effet. Je crus qu'il convenait d'insister, et j'écrivis au Ministre de la marine qui résidait, depuis deux jours, à Tours. En traitant, dans ma lettre, la question de la Seine, je faisais sentir la nécessité d'appliquer le même mode de défense à la Loire : on se contente de me répondre que de Tours à Nevers on pouvait passer la Loire sans se mouiller les chevilles.

Ce fut alors au général commandant la 13e division militaire que je m'adressai, (1) en lui exposant mon projet appuyé d'un devis sommaire. Mais je ne m'en tins pas là, et je priai en même temps M. le Maire de Bayonne d'en saisir le Gouvernement de la défense nationale. Ne recevant aucune réponse, je me demandai si l'on ne pourrait pas faire appel au pays lui-même, et dans une note remise à un Conseiller municipal de la ville, je rappelai qu'autrefois, dans une conjoncture grave, les provinces avaient offert spontanément des vaisseaux à l'Etat ; ne pourraient-elles encore, par le même don patriotique, l'assister à cette heure de suprême danger ? Ainsi, le Conseil municipal de Bayonne aurait donné l'exemple en invitant les autres municipalités du département à l'imiter, et l'on aurait trouvé les fonds du premier bateau ; puis, l'on aurait amené successivement tous les autres départements à faire ce sacrifice à la cause nationale. Le blindage et les locomotives étant empruntés aux chemins de fer, c'était une dépense d'environ 30,000 francs par département. Elle était suffisante pour constituer, sans charges excessives, une flottille formidable, capable de défendre tous les cours d'eau et même de pénétrer en Allemagne par le Rhin.

Le projet fut renvoyé à une prétendue commission de défense nationale, composée d'individus tout à fait incompétents. On se garda bien de me faire appeler pour obtenir les éclaircissements nécessaires, et l'on enterra profondément le projet afin de ne plus en entendre parler.

Dans l'intervalle, j'écrivis au Maire de Rouen, au Président de

____

(1) M. le lieutenant général de Borelly.

la Société hâvraise, à celui de la Société linnéenne d'Angers et à plusieurs autres personnes influentes dans l'espoir de trouver quelque encouragement et quelque appui ; mais je n'obtins aucune réponse. Le Maire de Lyon, seul, m'informa que la ville s'occupait de la construction d'une flottille sur le Rhône, et qu'on prenait bonne note de ma communication.

Je crus enfin qu'il pouvait être utile de faire connaître mon plan au Président du Conseil de la défense nationale des Basses-Pyrénées. Là, je fus, pour la première fois, écouté : un rapport chaleureux, recommandant très-vivement le projet, fut adressé par le Conseil au Ministre de la marine. Mais celui-ci, pour toute réponse, déclara que la forme trapézoïdale que j'adoptais pour mes bateaux nécessiterait des artifices de construction qui en rendraient l'exécution très-difficile ; que, d'ailleurs, on pensait qu'ils gouverneraient mal et pècheraient par la vitesse. Que répondre à une telle objection ? Etait-ce donc des bateaux pour un service normal et pour la grande navigation dont on avait besoin ? Mais des radeaux armés auraient été peut-être suffisants. Il fallait combattre avec n'importe quoi, pourvu que l'on combattît sur la Seine. Au reste, j'ai pu fournir plus tard, d'après les calculs de M. Le Moine, l'assurance d'une vitesse de neuf nœuds à l'heure et d'une bonne direction, en indiquant aussi des procédés de construction très-simples. Cette réponse du Ministre n'est peut-être jamais parvenue au Comité de défense des Basses-Pyrénées, mais je la garantis, car j'en ai vu de mes propres yeux la minute, au Ministère de la marine, à Tours.

Le jour où parvint, à Bayonne, la nouvelle de la capitulation de Metz, j'eus l'avantage d'être mis en rapport avec un ingénieur de grand mérite, M. Marqfoy, qui venait installer une capsulerie dans la ville. Je lui fis part de mes idées, et il en fut frappé. Membre de la Commission des études sur les moyens de défense, ayant, en outre, une mission spéciale du Ministre de la guerre, il jugea qu'il était important que je pusse communiquer mes vues à la Commission dont il faisait partie et me remit une lettre pour le colonel Deshorties, qui en était le président. Dès mon arrivée à Tours, je me mis en rapport avec cet officier supérieur d'état-major, et, dans un entretien auquel assistait un chef de bataillon du génie, membre aussi de la Commission, j'exposai mon plan et mes moyens d'exécution. Le colonel Deshorties en fut vivement frappé, et, une fois convaincu que mes idées étaient pratiques, il alla encore plus loin que moi dans leur application. Mais il fallait que la Commission fût saisie, et nous prîmes rendez-vous, au lieu ordinaire des séances, pour le lendemain. Je m'y rendis, cette fois, rempli d'espoir ; malheureusement le colonel Deshorties était empêché, et je me trouvai seul au milieu d'une foule de marchands d'armes de tous pays, ayant chacun un modèle à proposer et une spéculation en train. Quoique je fusse arrivé des premiers, je ne pus pas me faire admettre. La séance était ouverte depuis une heure et demie, lorsqu'à trois heures, un individu qui faisait fonctions d'introducteur, montrant sa tête par la porte entrebâillée, déclara que la Commission s'ajournait au mercredi suivant, c'est-à-dire à cinq jours de là, car nous étions au vendredi. Je saisis alors le battant de la porte et j'insistai fermement pour entrer, en faisant valoir ma lettre d'introduction, ainsi que les motifs aussi graves que pressants qui m'avaient amené à Tours. Enfin, après une certaine résistance, le personnage (je sus plus tard qu'il s'appelait Naquet) finit par céder devant mon obstination, et me laissa pénétrer d'assez mauvaise grâce dans la place.

M. Naquet, comme je le reconnus bientôt, n'était pas seulement un introducteur, mais encore l'âme de la réunion. Du reste, mon étonnement allait croissant en voyant comment étaient traités, dans des conjonctures aussi graves, les intérêts les plus précieux de la France. Parmi les membres qui assistaient à la séance, je reconnus l'officier du génie avec lequel je m'étais entretenu la veille ; ce fut lui qui prit la parole. — Je sais, dit-il, ce dont il s'agit ; c'est un projet de ravitaillement de Paris au moyen de canonnières. — Pardon, me hâtai-je de dire, ce n'est là qu'une

des conséquences du projet. Mais je ne pus rien ajouter ;
M. Naquet me ferma la bouche par le mot d'*utopie* qu'il répétait
sur tous les tons. « Monsieur, lui dis-je, vous ignorez sans doute
que je suis du métier : permettez-moi de m'étonner d'un juge-
ment aussi précipité, prononcé avec tant d'assurance par quel-
qu'un qui n'en est guère. Vous me donnez le droit d'ajouter que
vous remplissez avec une bien grande légèreté la haute mission
qui vous a été confiée. » J'offris, alors, aux membres de l'assem-
blée qui me parurent les plus sérieux, de développer mon plan ;
mais je ne tardai pas à m'apercevoir que je perdais ma peine ; à
l'exception d'un lieutenant-colonel d'artillerie et d'un officier du
génie, personne n'y prêta guère l'oreille, chacun paraissant
occupé (je m'abstiendrai de plus amples détails) d'intérêts d'un
ordre très-différent. On me fit quelques objections pour la forme,
et notamment celle-ci : « Si vous armez l'avant de vos bateaux
avec des pièces de marine, l'inclinaison qui en résultera ne vous
permettra plus de naviguer. » Je me demandai si j'avais bien
entendu, et je n'eus plus de doute que mon procès ne fût perdu.

Le colonel Deshorties m'exprima plus tard ses regrets en
déplorant ce qui s'était passé ; il me proposa de me faire entendre
de nouveau par la Commission ; je déclinai son offre, mais nous
convînmes d'agir de concert et de porter l'affaire à la Marine.

Comme sous-directeur de la guerre, le colonel Deshorties avait
un accès libre au ministère ; nous parvînmes donc sans obstacle
près de l'amiral Fourrichon, et lorsqu'il fut instruit de l'objet de
notre visite, je lui mis en mains le travail sur lequel reposait la
construction des chalands-canonnières, d'un tirant d'eau d'un
mètre et demi au plus pour la Seine, d'un mètre pour les canaux,
revêtus d'un blindage formé de deux plans de rails avec une
plaque de tôle intermédiaire de dix millimètres d'épaisseur, et
une seconde en couverture, ce qui donnait une épaisseur totale
de 26 centimètres.

L'amiral, au premier abord, me parut pénétré de la malheureuse idée qu'il n'y avait aucun moyen de résistance. Les forces

et les ressources de l'ennemi étaient tellement supérieures à tout ce que nous pouvions lui opposer, à tout ce que nous pouvions organiser pour notre défense, qu'il n'y avait, en vérité, rien à faire. Comme j'étais extrêmement éloigné de partager ce sentiment, je fus véritablement consterné d'un semblable aveu d'impuissance.

Cependant l'amiral examina les pièces et commença par déclarer, à mon grand étonnement, qu'il était incapable de vérifier les calculs. Il ajouta qu'il ne fallait pas songer à opposer au feu de l'ennemi les canonnières qui se trouvaient à Paris ; qu'on s'était vu forcé de les retirer de Strasbourg ; que Lyon en demandait, mais n'en saurait tirer meilleur parti. Je répondis que c'était justement l'insuffisance de ce matériel de guerre qui montrait la nécessité de le remplacer promptement par un autre.

« Mais, vous ignorez donc, dit alors l'amiral, qu'ils ont barré la Seine avec des fils de fer et des filets, et que vos hélices seront constamment engagées ! » J'avoue que cette objection me surprit. Comment, on se serait arrêté devant un obstacle puéril, lorsqu'il s'agissait de reconquérir la Seine, de Paris aux Andelys où l'ennemi arrivait alors. Je répondis simplement que de pareilles entraves n'avaient nulle importance ; que, d'ailleurs, en cas d'avarie grave, rien n'était plus facile que de réparer les hélices, et même de les changer, sur un bateau dont le tirant d'eau n'excédait pas un mètre et demi.

Cette difficulté écartée : « Je ne vois pas, reprit l'amiral, où vous placez vos soutes à poudre ». Je répondis que ce détail ne m'avait pas échappé, mais que je ne m'en étais occupé que comme d'un objet accessoire ; que les carcasses une fois construites, on choisirait avec plus de facilité un point convenable à l'installation des soutes à poudre comme des soutes à vivres Je soutins mon projet avec la conviction qui m'animait, et j'y mis toute l'insistance qui m'était permise. Je ne sais si l'amiral fut ébranlé, mais il finit par me demander un devis et des plans tels qu'on les dresse habituellement pour la construction d'un vaisseau à trois ponts ou d'un navire de guerre cuirassé ; il s'agissait, hélas, d'un simple bateau de sauvetage, au moment même où nous étions menacés du naufrage. Quoi qu'il en fût, je promis tout, et repris la route de Bordeaux pour obtenir de mon ami Le Moine un état régulier, conforme aux traditions de la marine.

Quelques jours après je revenais à Tours, muni des plans et devis qui m'avaient été demandés, et, en outre, d'une lettre de de M. Le Moine qui donnait un assentiment complet au système de bateaux que je proposais, et qui les déclarait tout à fait propres à remplir leur objet.

Mais j'avais peu de confiance en la marine, surtout après ce qui s'était passé ; je préférai donc m'adresser au Ministère de la guerre où je pouvais aisément aboutir par mes relations avec le général de Loverdo qui y remplissait les fonctions de directeur. Il me semblait que mon projet y serait plus facilement accueilli, parce qu'il ressortait plus directement, au point de vue des opérations, des attributions de ce ministère. Le général me promit de soumettre mon plan de campagne au Ministre et de l'appuyer. Deux jours après il m'informait effectivement que ce plan avait été discuté entre MM. Gambetta, de Fraycinet et lui-même. La conclusion à laquelle on s'était arrêté se résumait ainsi : on arriverait certainement à Paris ; mais tout se bornerait à la facilité d'expédier deux courriers par semaine. On ne voulait pas voir autre chose ; c'était un point capital, cependant, que d'arriver avec certitude à Paris, et il en découlait des résultats autrement féconds que ceux qu'on obtenait déjà des ballons et des pigeons voyageurs.

Je n'avais plus d'illusions ; ma dernière espérance venait de s'évanouir ; réduit à l'impuissance, il fallut bien me résigner.

Cependant, mon regret était si vif et ma conviction si profonde que je voulus faire encore un effort ; je me présentai donc chez M. Thiers. Cet homme éminent, dont le patriotisme égale la haute intelligence, me comprit : il convint que la seule voie praticable pour arriver à Paris était celle de la Seine ; il ajouta qu'il avait exprimé lui-même cette opinion plusieurs fois, mais sans être écouté, et que son influence sur les décisions du Gouvernement était nulle.

Un mois après, vers la fin de janvier, j'eus la triste satisfaction de recueillir, au Ministère de la marine, cet aveu formel : « Si nous vous eussions écouté, il y a trois mois et demi, nous aurions eu le temps de nous mettre en mesure, et nous serions certainement arrivés. »

Ainsi, dans cette circonstance comme dans tant d'autres phases de cette malheureuse guerre, ceux qui pouvaient n'ont pas voulu et ceux qui voulaient n'ont pas pu ; et cependant l'intelligence, le courage et le patriotisme ne manquaient pas. Qu'était-ce donc ? La fatalité ou, pour mieux dire, le doigt de Dieu.

NOTE.

Je reviens en peu de mots sur l'opération que j'avais proposée, pour la faire mieux comprendre.

On aurait pu débuter par une campagne d'exploration pour reconnaître les eaux et les rives de la Seine, ainsi que les obstacles qui pouvaient obstruer son cours.

La flottille était assez forte pour opérer sans assistance ; en effet, les chalands-canonnières pouvant recevoir 250 hommes au moins, vingt chalands, à un moment donné, auraient fourni un corps de 5,000 soldats d'infanterie, force bien suffisante pour prendre à revers les batteries ennemies qui auraient disputé le passage en effectuant l'attaque sous la protection du feu des bateaux. Ceux-ci auraient eu soin de multiplier leurs positions sans dépasser la limite extrême de leur tir ; leurs projectiles, conservant encore leur effet utile, auraient détruit des ouvrages en terre qui ne pouvaient être casematés, tué les servants et démonté les pièces, tandis que ceux de l'ennemi, arrivant à bout de tir sur la carapace des chalands, n'auraient produit aucun dommage. Nous supposons ici un calibre assez fort pour que l'on eût à craindre, à petite distance, que le blindage ne fût endommagé par un ébranlement trop violent. Dans ces conditions, les ouvrages de défense auraient été ruinés et l'ennemi délogé, sans que notre artillerie et nos soldats eussent souffert la moindre atteinte.

Mais, si les opérations de la flottille eussent été combinées avec la marche d'un petit corps d'armée sur les deux rives, les mouvements de ce corps d'armée auraient été assurés, sans contredit, par une division de 25 chalands-canonnières, échelonnés à cent mètres les uns des autres et occupant ainsi une étendue de trois à quatre kilomètres. Ces quatre kilomètres, auxquels on peut en ajouter deux autres, un en aval, l'autre en amont, auraient été protégés, sur les deux rives et sur une profondeur de dix kilomètres au moins, par les canons et les mitrailleuses de la flottille. En somme, on défendait, avec une division de 25 chalands-canonnières, une superficie de six à huit kilomètres de longueur sur deux au moins de large de chaque côté du fleuve. Ces limites, dans lesquelles nous pouvions nous mouvoir avec sécurité, auraient eu même une extension bien plus considérable, car les feux croisés des bateaux pouvaient embrasser, sur chaque rive, un demi-cercle (ou plutôt une demi-ellipse) de cinq kilomètres au moins de rayon ; et l'on conviendra que ce chiffre n'est pas exagéré, puisque la portée des pièces de marine le dépasse. Le terrain, qu'on veuille bien le remarquer, étant ainsi défendu par une force sur laquelle l'ennemi n'avait aucune prise, qu'il ne pouvait enlever d'assaut ni détruire avec ses pièces de campagne, les mouvements et la sécurité des troupes étaient parfaitement assurés ; et dans le cas où l'ennemi eût tenté de les canonner, ses efforts auraient été déjoués par une artillerie supérieure.

On a objecté que la protection de la flottille perdrait son efficacité si les rives du fleuve étaient dominées par des points culminants comme, par exemple, des falaises d'une certaine hauteur.

Mais d'abord, ce serait une erreur de considérer l'effort de la flottille comme devant porter directement sur un terrain placé à sa hauteur relativement au cours du fleuve, c'est-à-dire par le travers des bâtiments. Les cours d'eau n'offrant pas, en général, un champ d'une assez grande étendue pour que l'action engagée par le travers du bâtiment soit la plus avantageuse, les canonnières, pour produire plus d'effet, devront prendre les rives en écharpe ; toutefois, le feu des mitrailleuses et même des canons sera très-souvent fort utile lorsque l'on tirera dans des directions normales au cours d'eau.

J'arrive maintenant à l'objection. Assurément il ne peut pas être question d'une attaque de front dans le cas dont il s'agit, c'est-à-dire en présence d'une succession de hauteurs qui protégeraient l'ennemi et le déroberaient à la vue. Je n'ignore pas que le tir courbe, même le plus développé, ne permettrait pas d'atteindre des falaises élevées ; mais je sais aussi que ces positions peuvent être prises en écharpe et que l'artillerie n'en couvrirait pas moins de ses feux un espace de trois kilomètres avec autant d'efficacité que s'ils étaient dirigés normalement à la rivière. Ajoutons que des pointes et des reconnaissances bien faites, en mettant la flottille au courant des positions de l'ennemi, permettraient de lui envoyer des projectiles à une plus grande distance, et même à une distance double au moyen du tir courbe.

Mais en admettant même (et je fais cette concession à regret) qu'il se trouvât, par impossible, quelques points dont la protection fût très-difficile, alors l'armée demeurerait en arrière, sous le couvert d'une partie de la flottille, tandis que l'autre partie s'avancerait pour débarrasser le terrain, puis les troupes reprendraient leur mouvement. On pourrait aussi, si on le jugeait nécessaire, faire passer les corps d'une rive à l'autre ; enfin, on userait de toutes les ressources que peuvent fournir les circonstances. Mais on ne saurait nier, dans aucun cas, la force irrésistible d'une armée qui opérerait sous la protection d'une flottille formidable et inattaquable.

Si, après avoir lu ces lignes, on sentait le besoin de voir notre conviction affirmée par l'opinion d'hommes compétents, nous pouvons dire que notre manière de voir est complétement partagée par quelques officiers distingués de la marine anglaise, parmi lesquels nous pourrions citer un amiral.

Bayonne, Mars 1871.

L. DE FOLIN.

27